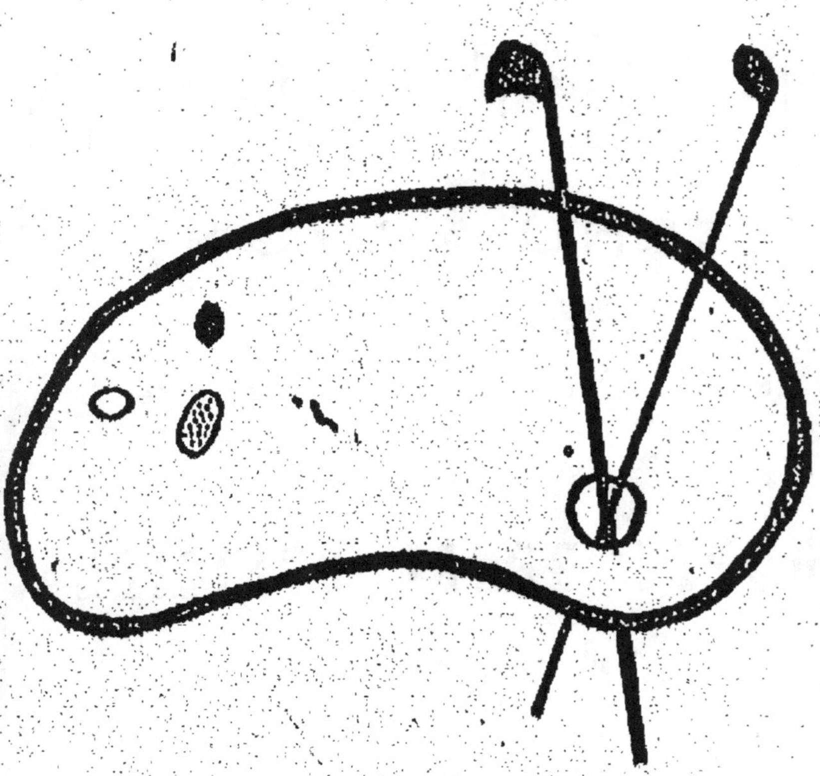

DÉBUT D'UNE SÉRIE DE DOCUMENTS
EN COULEUR

1er CONGRÈS NATIONAL

DES

OUVRIERS MAÇONS

TENU A LYON

BOURSE DU TRAVAIL

Les 18, 19 et 20 Novembre 1894

COMPTE RENDU OFFICIEL

Prix : 15 centimes.

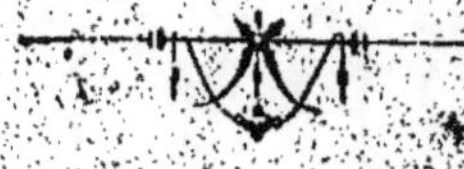

LYON

IMPRIMERIE CAFFER-FABIEN

5, Rue Pomme-de-Pin, 5

1894

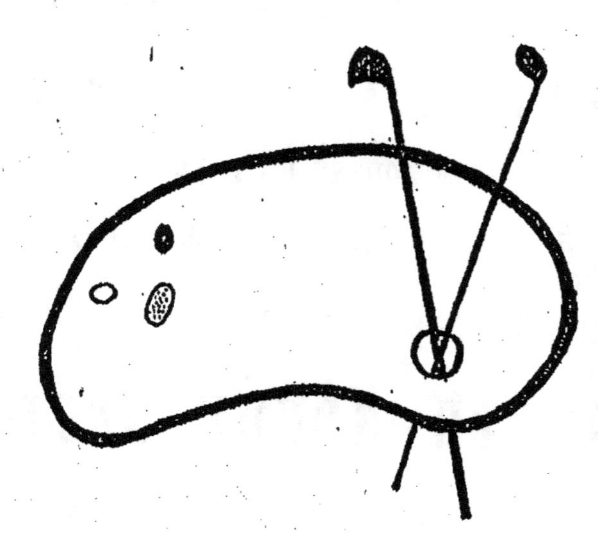

**FIN D'UNE SERIE DE DOCUMENTS
EN COULEUR**

1er CONGRÈS NATIONAL

DES

OUVRIERS MAÇONS

TENU A LYON

BOURSE DU TRAVAIL

Les 18, 19 et 20 Novembre 1894

COMPTE RENDU OFFICIEL

LYON

IMPRIMERIE CAFFER FABIEN

5, Rue Pomme-de-Pin, 5

—

1894

SYNDICATS REPRÉSENTÉS AU CONGRÈS NATIONAL

DES

OUVRIERS MAÇONS DE FRANCE

LE 18, 19 ET 20 NOVEMBRE 1894

Syndicat des Ouvriers Tailleurs, Scieurs de pierres et Maçons de la Seine.

Syndicat des Ouvriers Maçons de Cannes (Alpes-Maritimes).

Syndicat des Ouvriers Tailleurs de pierres et Maçons de Millau (Aveyron).

Syndicat des Tailleurs de pierres et Maçons d'Angoulême (Charente).

Syndicat des Ouvriers Maçons d'Amiens (Somme).

Syndicat des Ouvriers Maçons de Salon (Bouches-du-Rhône).

Union Syndicale des Maçons et Garçons de Boulogne-sur-Seine.

Chambre Syndicale des Ouvriers du bâtiment de Montluçon (Allier).

Syndicat des Ouvriers Tailleurs de pierres et Maçons d'Annecy (Haute-Savoie).

Chambre Syndicale des Maçons d'Annonay (Ardèche).

Syndicat des Maçons et Manœuvres de Rive-de-Gier (Loire).

Syndicat des Ouvriers Maçons de Nice (Alpes-Maritimes).

Syndicat des Ouvriers Maçons de Besançon (Doubs).

Syndicat des Ouvriers Maçons et Aides de Vienne (Isère).

Syndicat des Ouvriers Maçons d'Angers (Maine-et-Loire).

Syndicat des Ouvriers Maçons de Rennes (Ille-et-Vilaine).

Syndicat des Ouvriers Maçons de Lyon et du Rhône.

Syndicat Général des Ouvriers Maçons de Lyon et du Rhône.

Syndicat international des Ouvriers Maçons de Marseille (Bouches-du-Rhône).

1ᵉʳ CONGRÈS NATIONAL DES OUVRIERS MAÇONS

Tenu à LYON, Bourse du Travail

Les 18, 19 et 20 Novembre 1894

COMPTE RENDU OFFICIEL

PREMIÈRE SÉANCE

Organisation du Congrès.

Le Congrès a ouvert ses séances le 18 novembre, à 10 heures du matin.

La première séance a été ouverte par le citoyen Vellu, secrétaire de la Commission d'organisation. Le Bureau formé, on procède à la vérification des pouvoirs. Tous les délégués sont validés. Le citoyen Vellu est nommé secrétaire permanent du Congrès.

La séance est levée à 11 heures et demie.

Le Président, SAURET,
Délégué du Syndicat des Maçons de Lyon.

Le Secrétaire, VELLU,
Délégué du Syndicat général des Maçons de Lyon.

RAPPORT DU SECRÉTAIRE
AUX SYNDICATS OU GROUPES ADHÉRENTS

Nous devons, afin de pouvoir obtenir une action générale dans les réclamations que nous faisons isolément les uns ou les autres, nous former en fédération.

Là sera le seul moyen d'arriver à des résultats identiques, lesquels n'auront pas l'inconvénient d'être en contradiction.

Il faut absolument que nous arrivions à ne soumettre à nos patrons que des *desiderata* acceptés d'un commun accord par tous les syndicats de France.

Cette union sera une force pour arriver plus promptement au but que nous pourrions chercher dans l'intérêt général de notre corporation.

Il est bien entendu que nous devons chercher à apporter dans nos améliorations beaucoup de prudence et de légalité, et ne nous léser ni les uns ni les autres.

C'est pour cela que la Commission chargée d'organiser le Congrès s'est fait un devoir de centraliser tous les documents et renseignements pouvant servir à l'organisation ouvrière et particulièrement à notre organisation corpotive, elle a cru devoir commencer son travail de statistique par adresser à tous les syndicats ou groupes existant en France et en Algérie, plusieurs circulaires et un questionnaire sur les principales causes nous intéressant le plus.

Dans son appel, la Commission disait avec raison que de toutes les questions qui intéressent le monde du travail, et qui pour nous, sont des plus poignantes, ce sont celles qui étaient à l'ordre du jour. En connaître les causes, en examiner les effets sur les conditions générales de la vie, telle doit être la préoccupation de tous les travailleurs conscients.

Et en effet, elle ne pouvait choisir des sujets de recherches plus palpitants d'émotion, si remplis de plaintes et de malheurs immérités; elle ne pouvait sonder le cœur des travailleurs, connaître leurs pensées intimes sur l'ordre social qui les tient sous le joug, et leurs aspirations vers un idéal de justice et d'équité qu'en se renseignant aussi exactement et véridiquement que possible et en mettant à jour, pour les dénoncer, les causes qui engendrent et vivifient plusieurs des principaux agents de la misère, tels que vous les connaissez.

Le nombre relativement important des réponses qui lui sont parvenues, les rapports approfondis dus au concours des Syndicats qui s'y sont intéressés, les témoignages de sympathie et d'encouragement qu'elle a reçus de ses adhérents prouvent qu'en cette circonstance elle s'est faite l'interprète de la classe ouvrière et que son organisation est comprise et acceptée par les travailleurs syndiqués, cette phalange intelligente et dévouée, placée à l'avant-garde de l'armée ouvrière et socialiste.

Cette confiance honore les collaborateurs de notre Fédération naissante, qui sauront la rendre durable et féconde, sûrs de l'appui de tous les travailleurs conscients.

Camarades,

Les soumis et les résignés qui croient encore à l'esprit paternel et humanitaire des détenteurs du capital et des instruments de travail, se convaincront qu'ils sont injustement tra tés, et ils viendront, eux aussi, maudire les exploiteurs d'hommes et d'enfants.

Aux travailleurs prévenus, à aviser ! Puisse la longue énumération de leurs peines, les faire sortir de leur torpeur et ramener en eux l'énergie et la volonté si nécessaires pour assurer leur émancipation économique.

Je ne m'étendrai pas plus longtemps ici en face d'hommes conscients, de militants dévoués, luttant pour le prolétariat entier.

Je terminerai donc par la devise du prolétariat conscient de ses droits et de ses devoirs:

Vive l'émancipation des travailleurs par les travailleurs eux-mêmes !

Le Secrétaire, L.-P. VELLU.

DEUXIÈME SÉANCE

Ouverte à 2 heures, sous la présidence du citoyen LEGRAND,
Délégué de Rive-de-Gier (Loire).

ÉTUDE & VOTE DES STATUTS DE LA FÉDÉRATION

STATUTS

ARTICLE PREMIER. — Il est formé entre les Chambres syndicales et Groupes une Fédération corporative des Ouvriers Maçons de France, dont le Siège social est à Lyon, Bourse du Travail.

ART. 2. — Son but est d'arriver à l'affranchissement de tous ceux qui travaillent, afin de soutenir plus efficacement la lutte entre les intérêts opposés des employeurs et des salariés, de relever le prestige et l'énergie de la Corporation et d'arriver à l'unification des heures de travail dans la Corporation.

Adhésions et Radiations.

ART. 3. — Est accepté comme adhérent tout Syndicat ou Groupe corporatif; il ne peut être fait de distinction sur le titre des Syndicats ou Groupes adhérents pourvu qu'ils soient corporatifs et ouvriers.

ART. 4. — Tout Syndicat ou Groupe adhérent à la Fédération conservera son entière autonomie en ce qui concerne sa gestion intérieure ; tout Syndicat ou Groupe qui désirerait faire partie de la Fédération devra déposer une acceptation déclarant qu'il a pris connaissance des présents Statuts. Cette acceptation devra être revêtue du timbre ainsi que de la signature du Secrétaire et devra être accompagnée d'un extrait du procès-verbal de l'assemblée qui a pris cette délibération.

ART. 5. — La Fédération reste maîtresse de la non-admission ou de la radiation d'un Syndicat ou Groupe. Pour le cas de non-paiement, les Syndicats ou Groupes recevront un rappel les invitant à effectuer leurs versements et cela tous les trois mois ; au cas où l'organisation intéressée ne répondrait pas dans un délai de vingt-cinq jours, il sera procédé à sa radiation. Dans le cas de démission ou de radiation, les fonds versés restent acquis à la Fédération.

Cotisations.

Art. 6. — Pour former la Caisse de la Fédération, tout Syndicat ou Groupe devra faire un versement de 0 fr. 50 centimes par membre et par mois ; les Syndicats ou Groupes qui adhéreront après le premier Congrès devront effectuer le même versement comme droit d'adhésion.

Art. 7. — En cas d'insuffisance de fonds, la Fédération aura plein pouvoir d'imposer une cotisation supplémentaire à chaque Syndicat au *prorata* de ses membres, mais cette cotisation ne devra pas dépasser 0 fr. 05 centimes par membre et par mois.

Conseil d'Administration.

Art. 8. — Le Conseil d'administration est composé de cinq membres, y compris le Secrétaire et le Trésorier. Les membres du Conseil seront nommés d'un Congrès à l'autre. Tous ses membres seront rééligibles.

Le Secrétaire et le Trésorier seront élus par les délégués du Congrès et les trois autres membres par le (ou les Syndicats) où siègera la Fédération. S'il existe plusieurs Syndicats ou Groupes, le membre impair sera nommé par un tirage au sort.

Les candidats devront appartenir à la localité où siègera la Fédération. Le Secrétaire prendra le titre de Secrétaire général. Tous devront avoir plus de 25 ans et être syndiqués depuis plus de six mois au Syndicat où sera pris le Comité fédéral, et le ou les Syndicats seront tenus de présenter une liste des membres qu'ils veulent porter comme candidats.

Le Congrès choisit son Secrétaire et son Trésorier.

Art. 9. — En principe, toute fonction administrative est gratuite, les membres recevront les frais de transport s'il y a lieu. Exception est faite pour le Secrétaire général, il sera indemnisé selon le travail qu'occasionnera la Fédération, le Congrès fixera son indemnité annuelle. Le prix de déplacement sera de sept francs cinquante centimes par jour, non compris le transport. Lorsqu'une permanence sera établie, l'indemnité sera la même que pour la journée de déplacement.

Attributions des membres du Conseil fédéral.

Art. 10. — La Commission administrative est en permanence ; elle devra se réunir au moins une fois par mois, sauf les cas urgents ; elle nommera son Président à chaque séance. Toute absence sera passible d'une amende de 0 fr. 50, sauf cas de force majeure. La Commission aura pour mission la gestion, la surveillance et la sauvegarde de tous les intérêts de la Fédération. Elle convoquera les Congrès ordinaires et extraordinaires et fixera l'ordre des questions qui y seront soumises.

Art. 11. — Elle est autorisée à envoyer des délégués dans les localités qui lui en feront la demande, mais à leur charge, et chaque fois que les intérêts de la Fédération l'exigeront.

Art. 12. — Le Secrétaire général sera chargé de la correspondance, de la rédaction des procès-verbaux, de la tenue des livres de recettes et de dépenses, enfin de la comptabilité en général et de la tenue des archives. Il publiera l'organe de la Fédération et en sera le gérant.

Art. 13. — Le Trésorier est dépositaire des fonds de la Fédération en pièces ou en titres, il souscrira des reconnaissances des valeurs appartenant à la Fédération. Ces reconnaissances seront confiées à un membre que le Conseil désignera pour assister le Trésorier dans ses opérations. Le Trésorier aura à sa disposition une somme fixée par le Conseil.

Commission de Contrôle.

Art. 14. — La Commission de Contrôle est composée de trois membres qui seront pris dans le sein (du ou des Syndicats). La durée du mandat sera d'une année. Elle aura le droit de convoquer le Conseil fédéral en cas d'urgence.

Elle aura dans ses attributions l'examen de la comptabilité en général et des finances. Elle devra faire un rapport trimestriel qui sera inséré dans l'organe fédéral ou communiqué par circulaire.

Art. 15. — Si toutefois un Syndicat ou Groupe était mis en suspicion sur l'accusation du nombre de ses adhérents, la Commission pourra se faire adresser son livre-journal pour une vérification. Elle se fera adresser un compte rendu financier trimestriel par les Syndicats ou Groupes adhérents. Ces derniers devront en accuser réception en y apposant la signature du Secrétaire et le cachet du Syndicat ou Groupe.

Des Grèves.

Art. 16. — Les Syndicats devront faire un noviciat de six mois avant d'avoir le droit d'être soutenus par la Fédération. La Fédération déclare reconnaître que les grèves sont toujours préjudiciables aux intérêts des deux parties adverses, elle fera tous ses efforts pour les éviter et usera de tous les moyens de conciliation à l'effet d'arriver à une solution en sauvegardant la dignité des fédérés.

Tout Syndicat ou Groupe fédéré qui se trouverait dans un cas qui l'obligerait immédiatement à déclarer la grève, devra en informer télégraphiquement le Comité fédéral et faire suivre de suite une lettre explicative.

ART. 17. — Si, après l'emploi de mesures conciliantes, une grève venait à surgir, la Fédération aviserait les Syndicats ou Groupes adhérents et autres, s'il y a lieu, pour leur rappeler la solidarité, en votant une somme selon la mesure de leurs moyens. Elle leur enverra des listes de souscription, le tout pour soutenir les grévistes fédérés. Elle devra envoyer un délégué pour proclamer la solidarité et maintenir l'énergie et le moral des Syndiqués, et usera des pouvoirs que lui donnent les Statuts pour arriver, le plus brièvement possible, à la conciliation des deux parties, dans l'intérêt commun.

Des Secours.

ART. 18. — Tous Syndicats ou Groupes se trouvant dans le cas prévu par les Statuts (art. 17) recevront la somme de 1 franc par jour et par membre versant, dimanche non compris, soit six jours par semaine, à titre de secours, et ils seront chargés de la répartition aux intéressés. Aucun membre d'un Syndicat ou Groupe adhérent n'aura droit à une action directe contre la Fédération. Les sommes seront perçues par les Syndicats sur un état signé par chaque ayant droit.

ART. 19. — Si un délégué perd son travail pour mission ou fonction, il lui sera alloué une indemnité. Après enquête, la Fédération déterminera la somme suivant le préjudice causé.

ART. 20. — La Commission administrative pourra accorder des secours aux Syndicats qui seraient victimes d'un conflit provoqué par les Patrons et qui n'auraient pas terminé leur noviciat.

Secours de passage et Devoir des isolés.

ART. 21. — Tout Compagnon fédéré de passage dans une localité où il y aura un Syndicat ou Groupe fédéré touchera la somme de 1 franc ; il pourra toucher cette somme jusqu'à 4 francs.

ART. 22. — Le réclamant du dit secours devra être syndiqué depuis trois mois au moins et le Syndicat, fédéré depuis trois mois. Il devra en outre être au pair de ses cotisations et porteur d'un certificat attestant qu'il est sans travail.

ART. 23. — Tout Compagnon fédéré travaillant dans une ville où il n'y aura pas de Syndicat fédéré devra effectuer ses versements au Syndicat fédéré le plus rapproché de la localité où il travaille.

Des Assemblées générales.

ART. 24. — La réunion du Congrès aura lieu tous les ans. A chaque session, le Congrès désignera le lieu de sa prochaine réunion. La date en sera fixée par le Comité fédéral.

ART. 25. — Tout Syndicat adhérent aura la faculté de se faire représenter par un délégué pris dans son sein ou, à défaut, par quelque membre que ce soit appartenant à la Fédération. Les Syndicats ou Groupes seront tenus de se faire représenter mais par un ouvrier travaillant à l'heure ou à la journée. Leur absence sera considérée comme un acquiescement aux votes du Congrès.

ART. 26. — La Commission administrative devra prévenir trois mois au moins avant la réunion du Congrès les Syndicats ou Groupes adhérents d'avoir à présenter leurs propositions à la dite Commission, afin qu'elles soient examinées pour fixer l'ordre du jour du Congrès.

De la Dissolution.

ART. 27. — La Fédération ne pourra être dissoute en aucun cas. En cas de dissolution, les fonds en caisse seront répartis au *prorata* des membres des Syndicats et Groupes adhérents à la Fédération.

Dispositions générales.

ART. 28. — La Commission administrative se prononce sur tous les cas non prévus par les Statuts, sauf ratification par le Congrès qui suivra cette décision.

ART. 29. — Tout Syndicat adhérent s'engage à respecter scrupuleusement les présents Statuts, à mettre en application toutes les décisions prises par le Comité fédéral et à apporter toute son énergie à l'intérêt commun.

ART. 30. — L'établissement de cette Fédération s'impose plus que jamais devant l'indifférence que manifestent les pouvoirs publics. Après nous avoir bernés plus de vingt ans, leurrés de promesses jamais tenues, ils ont aujourd'hui jeté le masque. Nous devons leur dire qu'il n'y a pas lieu de faire des lois spéciales de retraites et autres pour les mineurs au détriment des autres travailleurs.

Art. 31. — Ce n'est que par l'établissement de notre Fédération, dans laquelle devra régner la discipline la plus absolue, que nous arriverons à faire prévaloir nos revendications : que tous les Maçons de France se pénètrent bien de cette idée de solidarité.

Art. 32. — Aussitôt qu'elle le pourra, la Fédération publiera un journal ; le Secrétaire sera chargé de la rédaction et fera insérer les communications qui lui seront fournies par les Syndicats ou Groupes adhérents. Ce journal aura pour titre :

Réveil des Maçons de France.

Statuts adoptés au Congrès de Lyon les 18, 19, 20 novembre 1894.

TROISIÈME SÉANCE

Lundi à 2 heures, sous la présidence du citoyen SAMY, délégué de Vienne (Isère). — Sont inscrits à l'ordre du jour les 2me et 3me articles.

ARTICLE 2me.

Assurance obligatoire à la charge de l'employeur sans retenue aucune.

Le Congrès reconnaît qu'il est hors de doute que, actuellement, les entrepreneurs ou tâcherons retirent tout le bénéfice de l'exploitation sans en faire participer aucunement l'ouvrier. Ils doivent, par conséquent, en supporter toutes les charges. Tous les accidents et blessures sur les chantiers dérivent indubitablement du travail et de ses risques.

Or, ainsi que nous l'avons dit plus haut, les entrepreneurs ou tâcherons, retirant seuls les bénéfices de l'exploitation des chantiers qu'ils ont sous la main, doivent être seuls à en courir les risques.

C'est pour cette raison que le Congrès formule ainsi son programme sur cette question :

1° Pour les blessés, frais d'indemnité pharmaceutique et médicale entièrement à la charge de l'entrepreneur.

2° Indemnité journalière égale à la moitié du salaire, sans que cette indemnité puisse être inférieure à 2 francs par jour, y compris les dimanches et jours fériés.

Le Congrès prie les Syndicats de s'adresser immédiatement aux entrepreneurs pour l'application de ce règlement.

Article 3me.

Durée de la journée.

La journée du maçon ne pourra excéder 8 heures. Nous sommes d'accord sur ce point avec le prolétariat du monde entier.

Si, par notre persévérance, nous pouvions faire aboutir cette revendication commune à tous les travailleurs, il s'en suivrait une diminution des bras qui sont inoccupés. Il en résulterait aussi, grâce à cette diminution d'heures de travail, que l'ouvrier maçon ne serait pas brisé avant l'âge. Nous voyons très souvent qu'à l'âge de 50 ans, l'entrepreneur ne veut plus l'occuper à cause de son manque de force, car il est usé par les durs labeurs qu'il a accomplis et les nombreux accidents dont il a été victime.

Notre métier exige une grande dépense de force musculaire, aussi le travail excessif, la longue journée nous anéantissent. Nous n'osons pas regimber contre toutes les vexations que nous subissons, car la surcharge de travail nous avilit. Nous n'avons pas le courage de nous redresser.

Lorsqu'un travail excessif ne nous abrutira plus, nous aurons le loisir d'étudier, d'apprendre et de penser.

Pour être vraiment homme, il faut 8 heures de travail, 8 heures de repos et 8 heures de loisir.

Le Congrès formule son programme ainsi :

Fixation de la journée de travail à 8 heures avec minimum de salaire fixé par les Syndicats.

Séance levée à 6 heures et demie.

Le Président, SAMY.   *Le Secrétaire*, VELLU.

QUATRIÈME SÉANCE

Lundi à 7 heures du soir sous la présidence du citoyen BARROT, délégué de Besançon (Doubs). — Ordre du jour : 4e article.

Suppression du Marchandage.

De toutes les exploitations supportées par l'ouvrier maçon, le système du marchandage représenté dans notre corporation par le tâcheron est le plus préjudiciable à nos intérêts. Si le gros entrepreneur se décharge de faire exécuter ses travaux par lui-même et de la responsabilité qui lui en incombe, il n'en prélève pas moins un énorme bénéfice qui est un vol évident, puisqu'il ne travaille pas lui-même. Ce marchandeur veut à son tour prélever le plus de bénéfices possibles ; il n'hésite pas à réduire autant qu'il peut les salaires. Le tâcheron trompe pour dissimuler les malfaçons, inévitables, car il force l'ouvrier à produire beaucoup, et l'ouvrier, par cette surcharge, est obligé de faire le travail dans de mauvaises conditions ; or, il en résulte que le système du marchandage est aussi préjudiciable aux intérêts du propriétaire, des communes, des départements et de l'Etat.

Un pareil système ne peut qu'avoir des conséquences déplorables et funestes au point de vue de la solidité et du bon travail, car la surcharge de travail oblige l'ouvrier à la malfaçon : les mortiers sont surchargés en sable à un tel point qu'ils n'ont plus de corps. Le tâcheron, avide de gain et ne travaillant pas lui-même, exploite encore l'ouvrier sous une autre forme. A cet effet il tient pension et tout maçon qu'il occupe est obligé de prendre pension chez lui s'il ne veut pas être renvoyé de suite.

Une exploitation aussi inique révolte, aussi l'ouvrier maçon a-t-il appelé le tâcheron buveur de sang et tueur d'hommes.

Nos aïeux de 1848, après maintes protestations avaient obtenu un décret contre le marchandage : ce décret n'ayant jamais été appliqué nous en demandons la stricte application.

Application du décret de 1848 sur le marchandage.

Séance levée à 10 heures 1/2.

Le Président, BARROT.   *Le Secrétaire*, VELLU.

CINQUIÈME SÉANCE

Mardi, à 8 heures du matin, sous la présidence du citoyen MONTHIOUX, délégué de Millau (Aveyron).

Ordre du jour : 5ᵉ et 7ᵉ articles.

5ᵉ ARTICLE

Mise en régie ou en service public de tous les travaux des communes, des départements et de l'Etat.

L'expérience nous a démontré que le système des adjudications est préjudiciable aux intérêts de l'ouvrier maçon et aux administrations. L'entrepreneur, pour compenser le rabais exagéré qu'il a été obligé de consentir pour obtenir l'adjudication, amoindrit les salaires des ouvriers et emploie ou fait employer des matériaux inférieurs. Très souvent ces travaux sont exécutés par un tâcheron qui donne un bénéfice au gros adjudicataire et est obligé de faire les travaux dans de mauvaises conditions. Les administrations désignées plus haut doivent cependant et toujours soutenir l'intérêt des travailleurs, et pour cela ne pas oublier de bien gérer les intérêts communaux, départementaux et nationaux.

Le Congrès formule ainsi son programme :

Mise en régie des travaux communaux, départementaux et nationaux.

Article 7me

Admis en principe sur les bases suivantes :

1° Retenue sur les salaires avec versement égal pour les patrons ;
2° Capital versé entre les mains de l'Etat avec retenue dite (capital aliéné) ;
3° Droit à la retraite après vingt-cinq ans de versement sans conditions d'âge ;
4° Retraite proportionnelle après dix années de service ;
5° Pension reversible par moitié sur la veuve ou à son défaut aux enfants âgés de moins de six ans.

Séance levée à 10 heures 1/2.

Le Président, MONTHIOUX.   *Le Secrétaire,* VELLU.

DERNIÈRE SÉANCE

Mardi, à 1 heure du soir, sous la présidence du citoyen SAMY, délégué de Vienne, doyen d'âge.

Le Congrès décide qu'il y a lieu de créer un journal corporatif qui influera sur la propagande syndicale et fera connaître la situation de tous les Syndicats fédérés.

Il est décidé de laisser toute latitude à la Fédération pour le faire paraître aussitôt qu'elle sera organisée pour cela.

Les Syndicats qui auront des communications à faire insérer devront les faire parvenir au Secrétaire général le 20 de chaque mois au plus tard.

Le citoyen Legrand, de Rive-de-Gier, émet le vœu suivant :

Les Chambres syndicales sont priées de s'organiser pour créer des Sociétés corporatives de production, car là est le salut des travailleurs. C'est une arme de combat pour le prolétariat contre le patronat exploiteur. La Fédération sera chargée de fournir tous les renseignements à cet effet.

Le citoyen Vellu, secrétaire du Congrès, a été chargé de rédiger le présent compte rendu et d'en faire opérer l'impression pour être distribué aux Syndicats, selon le chiffre d'exemplaires qu'ils commanderont.

La lettre de demande devra être accompagnée d'un mandat-poste du montant de l'envoi ou contre remboursement.

Cette mesure a été prise par le Congrès, afin de ne pas grever la Caisse de la Fédération.

Séance levée à 4 heures et demie.

Le Président, SAMY.   *Le Secrétaire,* VELLU.

CONCLUSION

Tels sont, citoyens, sauf erreur ou omission, le résumé et l'esprit des délibérations du Congrès, qui a eu un retentissement considérable. Nous croyons aussi que les résultats en seront plus importants, surtout si nous savons conformer nos actes à notre devise, qui doit être :

Vive la Fédération nationale des Maçons de France !
Vive la République démocratique et sociale !

Le Secrétaire du Congrès :

L. P. VELLU,

Secrétaire du Syndicat des Ouvriers Maçons de Lyon et du Rhône et Secrétaire de la Fédération.

Lyon, 30 novembre 1894.

www.ingramcontent.com/pod-product-compliance
Lightning Source LLC
Chambersburg PA
CBHW061718050726
47598CB00004B/1915